AF410960

Jacques FLACH

••••••••••••

La Poésie

et

Le Symbolisme

Dans l'histoire des Institutions humaines

Leçon d'ouverture du Cours d'Histoire
des Législations comparées
faite au Collège de France, le 9 décembre 1910.

Éditions

de la REVUE POLITIQUE ET LITTÉRAIRE (Revue Bleue)
et de la REVUE SCIENTIFIQUE
41 bis, Rue de Châteaudun, PARIS

La Poésie et le Symbolisme

dans

L'Histoire des Institutions humaines

EXTRAIT DE LA *REVUE POLITIQUE ET LITTÉRAIRE*

(*Revue Bleue*)

des 14 et 21 janvier 1911

++++++++++++

La Poésie
et
Le Symbolisme

Dans l'histoire des Institutions humaines

Leçon d'ouverture du Cours d'Histoire
des Législations comparées
faite au Collège de France, le 9 décembre 1910.

Éditions

de la REVUE POLITIQUE ET LITTÉRAIRE (Revue Bleue)

et de la REVUE SCIENTIFIQUE

41 bis, Rue de Châteaudun, PARIS

LA POÉSIE & LE SYMBOLISME

DANS L HISTOIRE

DES INSTITUTIONS HUMAINES

L'humanité, à toutes les époques de sa longue histoire, semble avoir été ballottée entre la certitude et le rêve, entre la sensualité et le sentiment, entre la matière et l'esprit. Tantôt elle prétendait saisir ce qu'elle voyait, tantôt deviner ce qu'elle ne voyait pas. Elle a nommé connaissance ou science ce qu'elle croyait certain, divination la faculté de voir avec les seuls yeux de l'esprit. Aux savants et aux philosophes elle a opposé les voyants, les devins, les poètes. Plus donc la science s'est affirmée sûre d'elle-même, plus la poésie a paru refoulée par elle. Et chaque fois pourtant elle prenait sa revanche.

Écoutez ce que dit Lamartine de l'état d'esprit qui régnait en France, il y a cent ans :

« Je me souviens qu'à mon entrée dans le monde il n'y avait qu'une voix sur l'irrémédiable décadence, sur la mort accomplie et déjà froide de cette mystérieuse faculté de l'esprit humain (la poésie). C'était l'époque de l'Empire. C'était l'heure de l'incarnation de la philosophie *matérialiste* du XVIIIe siè.cle dans le gouvernement et dans les mœurs. Tous ces hommes géométriques qui seuls avaient alors la parole... nous disaient : « Amour, philosophie, religion, enthousiasme, liberté, poésie ; néant que tout cela. *Calcul et force, chiffre et sabre*, tout est là. Nous ne croyons que ce qui se prouve, nous ne sentons que ce qui se touche. » (1).

Quinze ans s'écoulent, tout change de face, et le même poète s'en étonne :

« Qui m'aurait dit alors que quinze ans plus tard, la poésie inonderait l'âme de toute la jeunesse française, qu'une foule de talents, d'un ordre divers et nouveau, auraient surgi de cette terre morte et froide... qu'une vaste et sublime mêlée des intelligences couvrirait la France et le monde du plus beau comme du plus hardi mouvement intellectuel qu'aucun de nos siècles eût encore vu (2). »

Le voilà ce romantisme sur lequel on a de nouveau si fort disserté en ces jours récents. Il est une des phases de la lutte entre l'irréel ou l'idéal et le tangible ou le positif. Une phase nouvelle fut le prodigieux essor des sciences exactes par le triomphe de l'expérience et de l'observation, leur application merveilleuse à l'industrie. C'est l'époque où le savant niait l'âme, parce qu'il ne la rencontrait pas sous le scalpel, et où la poésie parut tuée par la vapeur et l'électricité. Et voici que soudain les sciences elles-mêmes ouvrent de nouveaux et magnifiques horizons à la vision poétique de l'au-delà. Les forces mystérieuses, insoupçonnées se révèlent de toute part ; la vue passe à travers la matière jusque là réputée opaque par définition ou par essence, le ma-

_____

(1) *Des Destinées de la poésie* (11 février 1834).
(2) *Ibid.*

gnétisme et l'hypnotisme, la radiologie et les ondes vibratoires volatilisent, subtilisent, spiritualisent la matière et permettent de plus en plus d'en nier l'existence. L'imagination et le mystère regagnent tout le terrain perdu.

Un phénomène analogue se produit dans le vaste champ des sciences sociales qui sont, dans cette chaire, notre domaine propre. Là aussi le matérialisme avait chanté victoire. L'économie politique n'avait-elle pas tenté un jour d'assimiler l'être humain à une machine, et de calculer son salaire sur la quantité de combustible que son fonctionnement exige ? Les sociologues n'ont-ils pas prétendu, de leur côté, réduire l'histoire tout entière de l'humanité à une lutte économique, toutes les aspirations, tous les mobiles de l'homme à des besoins matériels ? L'idéalisme allait donc disparaître ? Au contraire il est revenu à la charge plus vif et plus ardent. Un large souffle d'humanité a passé sur la société et la science historique, mieux éclairée et mieux armée, a fait de la psychologie une de ses bases essentielles et retrouvé partout, à l'origine des sociétés et des institutions, comme une matrice nécessaire, la croyance en des puissances, en des forces mystérieuses.

Nous touchons directement ici à l'objet de notre enseignement, au sujet que j'ai choisi. J'espère, en effet, vous montrer, à travers le temps et l'espace, l'intime et indissoluble lien des facultés imaginatives de l'homme et de la naissance comme de la formation de ses institutions. Progressivement, il est vrai, le droit s'est desséché, il a dégénéré en abstraction, il est devenu une dialectique ou une algèbre. Il l'est devenu trop; et nous pourrons nous demander si, pour lui rendre la vie, il ne faudrait pas le retremper dans sa source, la sensibilité et l'imagination, en les coordonant et les dirigeant par la raison.

Et la poésie à son tour qu'est elle? Que sont ses rapports, non seulement avec le droit, mais avec la magie et la religion, — tétralogie qui forme à mes yeux un tout originaire, — pourquoi les premiers législateurs et les premiers juges furent-ils des poètes, des chantres inspirés, aèdes ou *vates*, exégètes ou devins, bardes ou *filés*? Pourquoi les premières sentences furent-elles des oracles, une interprétation des volontés, des forces mystiques de la nature? Si nous voulons le comprendre, c'est l'esprit même de l'homme qu'il faut sonder, non pas tel qu'il est, mais tel qu'il fut aux premiers âges.

L'esprit de l'homme, Messieurs, a commencé par être tout engagé dans le monde sensible. L'homme ne pensait que par images, il ne transmettait, il ne communiquait son sentiment que par un appel direct aux sens, par une figuration de l'acte qu'il voulait exprimer, de l'objet ou de l'être qu'il voulait évoquer. L'intelligence était concrète. Par cela même elle était poétique.

« L'attention de l'homme (dans les premiers âges), a dit, en une très belle page, Emile Boutmy, appartient tout entière aux puissances et aux attributs du *monde extérieur*. La vie sociale, encore élémentaire, n'a point enrichi le trésor des émotions morales; là réflexion, encore neuve, n'y a point pénétré. Le *monde spirituel* est donc pauvre; il est ignoré. Ce n'est qu'une pousse fragile que couvre de son ombre la nature extérieure, avec ses puissances indomptées, ses phénomènes dont la loi se dérobe encore, ses premières révélations d'un ordre et d'une nécessité que cerne et ferme de toutes parts *un surnaturel capricieux et terrible. ... La nature sensible est donc la grande source de la poésie.* Bien plus elle est POÉTIQUE TOUT ENTIÈRE, et même dans les parties que le présent nous montre desséchées et sans vie.

« A cette époque, en effet, le vaste ensemble des sciences positives n'attire point à lui et ne fait pas tomber au *niveau de la prose* les lois physiques ou historiques (ajoutez les *lois* proprement dites) que l'esprit découvre; ces lois restent isolées, flottantes devant l'imagination... elles gardent donc un prestige propre, immédiat, et les spectacles naturels reçoivent de cette source leur plus haute valeur poétique. Ce n'est point un écho du monde moral que l'on cherche à saisir dans un paysage quelconque; il n'y a pas d'écho avant le son qui le provoque, et le *monde moral est encore silencieux.* On y adore le premier secret arraché aux dieux par l'homme tremblant (1). »

C'est de ce prodigieux réservoir de poésie naturelle qu'émergea le droit. Sa première phase est purement *réaliste*, si vous entendez par ce mot tout ce qui se rapporte au monde sensible et aux images qu'il fait naître dans l'esprit. Il devient ensuite *symboliste* ou *formaliste*, jusqu'au jour où, par une abstraction croissante, il aboutira au droit pur. La vraie poésie du droit sera représentée alors par l'idéal harmonieux d'un Platon, par les visions divi-

---

(1) BOUTMY. *Philosophie de l'Architecture en Grèce,* p. 59-60. Paris, 1870.

natoires d'un Michelet ou d'un Vico, par l'intuition géniale d'un Montesquieu ou d'un Leibnitz.

Si par sa forme, en effet, par l'image et par le rythme, la poésie est un art sensuel, n'est-elle pas, au fond, la manifestation la plus haute de l'intelligence humaine? Les grands savants ne sont-ils pas de grands poètes? Commentant cette parole de Pasteur : « Au début des recherches expérimentales *l'imagination doit donner des ailes à la pensée* », Ernest Lavisse n'a-t-il pas eu raison de dire que Pasteur « par un procédé de poète *imaginait la vérité* » pour ensuite reprendre terre et replier les ailes ?

Gardons-nous, du reste, quand nous parlons des premiers âges de confondre la spiritualité avec la poésie. Je n'admets point que par l'animisme primitif, source incontestable de poésie, l'homme ait pu attribuer à tous les objets qu'il voyait une âme comme la sienne. Il aurait fallu tout d'abord qu'il eût eu conscience d'avoir une âme lui-même. Ce n'est ni l'âme, ni l'esprit, c'est la sensibilité, la volonté ou la force, qu'il a dû prêter à tout ce qui agissait sur ses propres sens et sur sa propre volonté. L'inertie et le hasard lui sont également étrangers. Il ne conçoit pas d'actes involontaires. Si une pierre roule, c'est qu'elle veut rouler, ou qu'un élément invisible veut qu'elle roule. L'auteur involontaire du choc sera donc le complice, l'agent de cet élément invisible, que le primitif identifiera avec une *forme* matérielle et qui plus tard sera personnifié en démon ou en divinité. La force invisible ou mystique, ce sont les phénomènes naturels, dont la cause directe échappait à ses sens, qui lui en donnèrent l'idée : le vent, la pluie, la foudre, les bruits, l'écho; la forme matérielle, c'est aux corps en mouvement qu'il l'emprunta et aux hallucinations dont la faim comme la fièvre ou la terreur décevaient son esprit, aux rêves qui le hantaient.

Tout ce que l'homme percevait ainsi par une sorte de double vue, toutes les images qui lui apparaissaient, toutes les illusions dont il était le jouet furent pris par lui pour de substantielles réalités. On peut dire qu'il s'adora ou se redouta lui-même dans ses visions de la nature. « L'imagination, selon le mot d'un philosophe, est une faculté essentiellement superstitieuse : abandonnée à elle-même, son premier mouvement, son instinct irrésistible est de croire à la réalité de ses représentations, et d'adorer en aveugle les idoles qu'elle a créées... elle y voit, non pas un pur symbole, mais la vérité elle-même. »

Comment alors, demanderez-vous, l'esprit humain a-t-il passé de l'image à l'idée? précisément, par l'entremise du symbole, mais non point, à mes yeux, par une entremise directe. J'aperçois un degré intermédiaire, et je le retrouve dans la philosophie d'Épicure, reprise et chantée par Lucrèce. Il remonte jusqu'à Démocrite et celui-ci a dû le recueillir dans des croyances populaires. Cet intermédiaire, c'est l'*effigie*, le *simulacre*, l' « *idole* ».

Quand on eut distingué la vision imaginaire de la réalité, on la regarda comme une effluve matérielle revêtant la forme, la figure des corps ou des objets, comme une *espèce de membrane détachée de la surface des corps*, agissant par contact matériel sur le cerveau.

« L'atmosphère, dira Lucrèce (1), est remplie de simulacres de toute espèce, dont les uns se forment

----

(1) *De natura rerum*, IV, vers 739 suiv.

d'eux-mêmes au milieu des airs, les autres émanent des corps, d'autres qui sont le produit de ces deux espèces réunies. Par exemple, l'image d'un Centaure n'est point l'émanation d'un Centaure vivant, puisque la nature n'a jamais enfanté d'animal de cette espèce; mais quand l'image d'un cheval s'est rencontrée par hasard unie à celle d'un homme, ces deux images se confondent facilement à cause de leur nature subtile et de la finesse de leurs tissus ».

Avant donc de devenir symbole, et après qu'elle eut cessé d'avoir son existence propre, l'image fut comme le prolongement de l'objet matériel, apte à tenir sa place et à participer à son action ou à sa vertu, bonne ou maligne.

Et ainsi le symbole forme une étape entre les εἴδωλα, les idoles de Démocrite, et l'idée abstraite, qui n'a retenu que la marque de leur commune origine; la vision, l'ἰδεῖν, le voir. Lui-même a subi une dégénérescence progressive. Plein de fraîcheur et de sève à sa naissance, tout pénétré de la force vivifiante que lui communique le mystère de la nature, il se décolore et se fige, à mesure que l'état social se diversifie et se complique. La poésie s'évapore, il ne reste plus qu'une enveloppe stérile, dont la raison pratique s'impatiente et qu'elle finit par balayer.

*
* *

La poésie du droit, vous venez déjà de l'entrevoir, eut des destinées très accidentées. De fait, et pour une large part, elle fut souvent tout insconsciente ou passive. Les hommes la réalisaient, au lieu que le poète l'exprime. Elle se traduisait en des actes dont les mobiles varièrent selon les temps et les lieux, et que nous ne pouvons regarder que comme une poésie purement objective, une *poésie des choses*, quand ils ne procèdent que de la pénurie des ressources dont l'homme disposait, notamment pour mesurer le temps et l'espace.

Le vol du chapon, le pas du coq, le saut du chat, le son du cor ou des cloches ; le jet d'une flèche, d'une pierre, d'un marteau ; la durée de la sieste ou du bain du roi ; la hauteur d'un mur au niveau de la lance dressée d'un homme à cheval, tous ces usages sont plus pittoresques que vraiment poétiques. Poétiques, ils ne le sont que par exception ou sous la réserve que l'idée superstitieuse n'en était pas absente. L'exception se rencontre dans cette fixation imagée de la hauteur d'eau d'un moulin : une tête de clou où l'abeille peut se poser, sans mouiller ses pattes et son aile, pour se désaltérer dans le courant. La réserve est à faire pour les époques reculées.

Quand j'ai parlé de poésie purement passive ou inconsciente, je n'ai point voulu, du reste, dénier le sentiment poétique aux premiers hommes. J'estime, tout au contraire, que ce sentiment chez eux était plus vivace, plus profond, plus général, qu'il le devint à mesure que l'humanité vieillit. C'est la distance qui sépare l'imagination de l'enfant de celle du vieillard. Et le parallèle peut se poursuivre. Comme chez l'enfant, le sentiment poétique chez l'homme primitif est impersonnel, irraisonné ; il ne s'analyse pas plus qu'il n'analyse. Michelet en a fait l'observatian sagace : « Les simples, dit-il, sont en général ceux qui divisent peu la pensée, qui, n'étant pas armés de machines d'analyse et d'abstraction, voient chaque chose une, entière, concrète, comme la vie la présente » (1).

Cette *unité*, cette synthèse du monde, j'y vois la source même, la source primordiale du sentiment poétique. Visible ou invisible, physique ou spirituelle la nature, ainsi comprise, affecte simultanément l'âme et les sens. Elle enveloppe l'homme d'un double mystère, elle ouvre à sa vision poétique des horizons infinis, elle lui prodigue l'harmonie des rythmes et des formes.

« Entre les deux mondes, a dit un philosophe, M. Vacherot, il existe une correspondance naturelle qui fait que telle forme de la réalité représente telle vérité du monde idéal. L'artiste ne crée point cette correspondance, par l'imagination; il la découvre dans la nature, et la reproduit ensuite par des combinaisons qui lui sont propres. »

C'est presque dans les mêmes termes que s'exprimait Brunetière, parlant de l'ère poétique ouverte par Chateaubriand : « Entre la nature et l'homme, dit-il, n'est-ce pas Chateaubriand qui a démêlé le premier ces *mystérieuses correspondances* dont le mystère ou le vague même est sans doute un des éléments essentiels de la poésie? Car... c'est ici vraiment ce que nos classiques avaient trop oublié : que l'obscur a ses beautés, le vague son pouvoir ou l'insaisissable son charme... Si Chateaubriand l'a reconnu, c'est à la lumière du sentiment religieux (2). »

---

(1) MICHELET. *Le Peuple* (Paris 1846), p. 162. Vico avait dit : « Une métaphysique, non point de raisonnement et d'abstraction comme celle des esprits cultivés de nos jours, mais de sentiment et d'imagination, était la poésie des premiers hommes. L'ignorance est mère de l'admiration. » (Œuvres trad. par Michelet, Paris, 1835, II p. 26).

(2) *L'évolution de la poésie lyrique*, p. 88.

N'est-il pas piquant de remarquer que le dernier représentant du classicisme mourant, le poète
Delille, avait lui-même conscience de cette relation
mystique? J'ai trouvé dans une de ses lettres iné-
dites cette proposition, étrange sous sa plume :
« Une des sources les plus fécondes de l'art d'écrire
est le *rapport éternel qui existe entre le monde matériel et le monde intellectuel.* »

Nous pourrons de ce point de vue ramener notre
sujet à ces termes généraux. Qu'était à l'origine et
qu'est devenu, au cours de l'histoire de l'humanité,
l'*élément essentiel* de la poésie, le sentiment du
mystère de la nature? Quelle part a-t-il eue à la
formation des institutions et du droit? Quelle place
revient au symbolisme et à la poésie dans cette longue évolution dont le dernier terme est loin d'être
atteint? — Ce sont les sources mêmes du droit que
nous allons nous efforcer de découvrir d'abord, et,
pour y atteindre, nous devrons, chemin faisant,
dissiper bien des obscurités et bien des préjugés.

*
* *

Trop longtemps, Messieurs, jusqu'à l'essor des
études ethnographiques, auquel je crois avoir contribué par mon enseignement du Collège de France,
les penseurs qui ont voulu remonter à l'origine des
croyances et des coutumes ont regardé le symbole
comme un élément initial. Il aurait été le moule
originaire de la pensée, d'une pensée instinctive
ou même d'une pensée révélée. D'Evhémère ou
d'Olympiodore à Creuzer et à Guigniaut, les historiens
des religions, de l'art, des institutions, des langues
mêmes ont paru se rencontrer sur ce terrain com-

mun. Tout mythe aurait été un symbole, tout symbole un langage figuré. Nul ne semblait contredire à cette pensée d'Olympiodore : « Dans notre enfance nous vivons selon l'imagination et l'imagination se prend aux formes. L'emploi des mythes est destiné à satisfaire cette faculté. Le mythe n'est autre chose qu'une fiction qui représente la vérité sous une image ». (λόγος ψευδής εἰκονίζων ἀλήθειαν).

Trouver le sens vrai de l'image, tel paraissait le seul problème. Était-il historique, ce sens, ou métaphysique ? tellurique ou astral ? moral ou juridique ? Michelet conclut qu'il était ambigu. « Tout symbole, dit-il, est une *équivoque*, ainsi que toute poésie. La nature est-elle autre chose ? »

C'est que pour lui aussi l'image était primitive ; elle était créée, voulue : créée par l'homme, voulue par la nature. Écoutez cette page, si belle en la forme, mais combien nébuleuse !

« Le créateur a fait l'homme semblable à lui, c'est-à-dire créateur. L'homme aussi crée à son image. Symbole lui-même, il crée des symboles.

« Pourquoi cette nécessité de créer ? pourquoi celui qui a si peu de vie et si courte, doit-il donner de la vie, communiquer son être, son néant ? C'est que tout néant qu'il est, il a en lui, comme image de Dieu, une idée, une force féconde. L'idée, qu'enferme tout symbole, brûle d'en sortir, de s'épancher, de redevenir infinie. Elles s'efforcent, les pensées ailées, à voler sous le poids qui les entraîne contre terre ; elles se soulèvent comme pour respirer un peu. Homme, nature, toute existence est travaillée d'un infini captif, qui veut se révéler par la génération, par l'action et par l'art, qui fait et défait des symboles, languissant tour à tour de créer et de

mourir. L'homme porte ainsi en lui un infatigable
artiste qui travaille à la fois au dehors et au dedans.

« L'imagination des premiers hommes fut d'autant plus féconde en 'symboles poétiques, qu'ils
étaient plus jeunes, plus grossiers, plus incapables
d'abstraire » (1).

Et ne voyez pas là une simple rêverie mystique
d'un historien poète. De la source qu'il a ouverte, le
symbole juridique va jaillir et couler en un flot
continu, ou, si vous aimez mieux, la vie que l'homme
a insufflée à l'image va s'épanouir en une efflores-
cence magnifique. Voici un de ces symboles. Michelet nous retrace sa vie et sa carrière, de la naissance à la mort:

« Il est curieux de suivre la biographie d'un
symbole, de voir par exemple comment l'élément
sacré, la terre, figura d'abord la cession de la terre,
comment la noire glèbe comparaissait ornée d'herbe
ou de verts rameaux, comment le rameau, se civili-
sant, se fit bâton, sceptre, *lituus* augural, comment
l'herbe, suivant le cours de sa végétation juridique,
devint paille, (*stipula*); comment la formule rem-
plaçant le symbole, et se perdant elle-même dans
une locution vulgaire, le souvenir de cette paille
nous reste en un mot : *stipuler* » (2).

L'influence de Vico est évidente en ce double pas-
sage. Elle éclate aux yeux, quand on lit une note que
Michelet écrivait en 1854 et que tout récemment
M. G. Monod nous a fait connaître (3) : « Vico en-

---

(1) Michelet. *Origines du droit français cherchées dans les
symboles et formules du droit universel.* Paris, 1837, p. lxv,
p. lxvii, note.
(2) Michelet. *Op. cit.*, p. cxii.
(3) G. Monod. *Jules Michelet* (Paris 1905), p. 16.

seigne... l'art de faire les Dieux, les cités, la mécanique vivante, qui trame le double fil de la destinée humaine, la religion et la législation, la foi et la loi. L'homme fabrique incessamment sa terre et son ciel. Voilà le mystère révélé... Vico, c'est la mécanique par quoi les Dieux se refont. Avec le droit, il fait les Dieux. »

Donc création du *Droit*, du droit tout imprégné de *vérité naturelle*, par opposition à la loi « dont la certitude n'est qu'une ombre de la raison (*obscurezza*) appuyée sur l'autorité (1) ».

Des deux guides qu'il s'est donnés pour écrire son livre sur les *Origines du droit français*, Vico et Jacques Grimm, demandant à l'un l'inspiration, les matériaux à l'autre, le premier l'a égaré.

Les inspirés ne sont pas toujours des précurseurs. Grimm, avec moins d'envolée et une étude plus terre à terre des documents, a vu plus clair et plus juste. Il a su anticiper, en partie du moins, sur les conclusions auxquelles nous conduit aujourd'hui la connaissance approfondie des institutions primitives, dans leurs rapports avec la magie et la religion.

Dès 1815, dans l'originale dissertation sur la *Poésie du droit* (2), avant-coureur de ses *Antiquités du droit allemand*, parues treize ans plus tard, Grimm écrivait :

« C'est une opinion inacceptable que de considérer les symboles juridiques comme de pures inventions (*leere Erfindung*) en vue de la forme des pro-

---

(1) Voyez les axiomes 111 et 113 de Vico (OEuvres trad. par Michelet (Paris 1835), i, p. 390-391).

(2) *Von der Poesie im Recht,* dans la *Zeitschrift für gesch. Rechtswissenschaft* de Savigny. 2ᵉ année, 1ᵉʳ fascicule, p. 25-99.

cès et de la solennité des actes. Tout au contraire, chacun d'eux a certainement sa signification mystérieuse, sacrée et historique. Si elle leur eût manqué, l'opinion publique s'en serait détachée et leur intelligence traditionnelle se serait perdue... Ce n'est pas en des lettres ou des formules mortes que résidait leur force. Leur puissance partait de la bouche et allait au cœur. »

« Que l'on compare l'antique usage de la tradition de la propriété du sol, où les deux parties se rendaient sur le terrain et accomplissaient le rite vénérable, qu'on le compare avec un acte notarié. En ce temps les hommes paraissent avoir aimé davantage les objets matériels. Ils ne les tenaient pas pour morts et insensibles, mais pour tels qu'il fallût leur dire adieu ou leur faire bon accueil (1). »

Nous voici beaucoup plus près de la vérité historique : nos études le montreront. Pour l'instant, qu'il me suffise de dire que le symbole juridique, entendu dans son sens normal : la représentation figurée ou imagée d'un rapport de droit ou d'un acte juridique, date d'une époque relativement récente, qu'il n'a rien de primitif, qu'il est la survivance de pratiques et de croyances dont le sens s'est perdu. La coutume naissante les a accommodées à ses besoins, en leur attribuant un sens conventionnel, elle les a imitées aussi, au gré de l'imagination de chaque peuple, elle les a diversifiées et amplifiées. Luxuriant trésor de formes plastiques où le droit populaire, qui éclot, trouve son vêtement, et d'où le droit savant tirera ces fictions artificielles, dont la subtilité plus que l'imagination a fait les frais, et qui

---

(1) *Loc. cit.*, p. 74-75.

ne justifient pas l'enthousiasme admiratif qu'elles ont inspiré à Michelet. N'a-t-il pas poussé le lyrisme jusqu'à les appeler une « *puissante poésie lyrique dont l'Homère est Papinien ?* » n'est il pas allé jusqu'à dire : « Au sens étymologique du mot *poésie* (création), la vraie *poésie du droit*, ce n'est pas le symbole, mais plutôt la fiction (artificielle). Le symbole est un emprunt fait à la nature, la fiction est vraiment de l'homme » (1).

Non, le symbole n'est pas plus un emprunt fait à la nature que la fiction juridique n'est une création poétique. L'un et l'autre m'apparaissent comme des transformations graduelles d'actes qui dans l'origine n'avaient rien de symbolique.

Le seul symbole primitif auquel on pourrait songer serait le symbole religieux. Mais le mot de symbole peut être ici trompeur ; je le montrerai en parlant de la divination.

Quant aux symboles juridiques, leur source *réaliste* me semble indiscutable, à l'état primaire. En donnerai-je de suite quelques exemples ?

Voici un homme qui remet son bâton à un autre homme. Que fait-il ? Est-ce un simple objet matériel qu'il transmet ou qu'il confie à autrui ? En aucune sorte. C'est une partie de son propre individu qu'il engage. Là où sera son bâton, il se trouvera présent lui même, il offrira prise directe, prise magique sur lui.

Prenez maintenant l'anneau de fiançailles, je compte vous en retracer la pittoresque et abondante histoire. Vous verrez que, sous sa première forme, il a établi un lien mystique, magique pour

______

(1) *Introduction*, t. CXIV.

prendre de nouveau le terme propre, entre la p.r-
sonne qui le porte au doigt — à un doigt prédestiné
— et celle qui l'y a placé.

D'une façon générale j'estime que l'élément juridique qui joua, au début des sociétés, le rôle sans
doute le plus actif a été le gage. Et le gage qu'était-
il ? une sorte de mainmise momentanée sur le débi-
teur gagiste, qui, par l'intermédiaire de l'objet engagé, se mettait lui-même dans *la main* d'autrui.
C'est pourquoi il n'avait cesse et repos qu'il n'eût
dégagé sa personne. La valeur de l'objet était in-
différente. La puissance dont il était le véhicule
comptait seule.

Voulez-vous un autre exemple ? Le voyageur allemand Martius raconte que, quand les Mundroucous
du Brésil veulent enrôler les guerriers pour une
expédition, le chef envoie de hutte en hutte un
homme porteur d'une tablette sur laquelle le guerrier fait une entaille particulière, qui l'oblige, qui
l'engage à répondre à l'appel. Et c'est là un usage
extrêmement répandu chez les peuples sauvages,
usage que nous retrouvons au moyen âge, et dont
la *taille*, qui subsiste jusque dans notre Code civil,
semble alors une lointaine survivance. Or, quelle
en fut la portée originaire ? Lafitau nous l'appren-
dra, en décrivant la même pratique chez les Iro-
quois : « La hache n'est pas plutôt levée, que les
chefs de guerre se disposent à assembler leur monde
et que ceux qui ont envie de les suivre lèvent la
buchette. C'est un morceau de bois façonné, orné de
vermillon, que chacun des guerriers marque de
quelque note ou figure distinctive et qu'il donne au
chef, comme un symbole *qui le représente en per-*

sonne, et qui peut être regardé comme le *lien de son engagement*, tandis qu'il subsiste » (1).

« Symbole » n'est pas le mot exact; mais l'idée est claire. La buchette *représente* le guerrier; elle est marqué de son signe — signe cabalistique. Par cette entaille, sa vie est donnée en gage; s'il ne la *dégage* pas en combattant, il est mis à mort.

Lafitau le remarque, non sans surprise :

« J'avais cru que, quelque engagement que prissent les sauvages en ces sortes d'occasions, ils pouvaient le rompre sans façon... en conséquence de cette liberté qui paraît si naturelle en eux, qu'ils semblent tous indépendants les uns des autres, et que l'on croirait que leurs chefs n'ont qu'une autorité sans coaction... Mais j'ai été détrompé dans la suite... C'était une loi de temps immémorial... que le village était en droit de faire mourir celui qui, après avoir levé la buchette, ne remplissait pas les obligations de son engagement. »

Placez-vous dans l'ordre d'idées que je viens d'évoquer, et vous pourrez voir émerger de l'ombre la longue ascendance de cette motte de « noire glèbe » ou de ce « vert rameau », que Michelet nous présentait comme des symboles originaires. La religion et la magie ont présidé à la translation de la propriété, comme elles ont présidé à sa constitution. Une prise de possession religieuse et magique a précédé de loin l'investiture symbolique, et le trait d'union entre elles fut sans doute le bâton entaillé, représentation de la personne. Des cérémonies rituelles ont été accomplies sur le sol, des sacrifices

---

(1) *Mœurs des sauvages ameriquains, comparées aux mœurs des premiers temps*. Paris, 1724, III, p. 168.

offerts aux divinités tutélaires, des *entailles* faites, des clous enfoncés dans les arbres ou les pierres sacrés, des gestes sacramentels ont rompu pour l'un, noué pour l'autre, les liens unissant l'homme à la terre ou au foyer, — cérémonies et rites d'où nous verrons se détacher, par une lente discrimination, les symboles d'investiture.

Ce ne sont, Messieurs, que des exemples que je viens très sommairement de vous donner. Ils se multiplieront à l'infini, au cours de nos études, et vous prouveront, je l'espère, que ce n'est pas la fiction seule qui réconcilie, dans un passé lointain, ces deux frères ennemis de notre temps, la poésie et le droit. Leur réconciliation vous en paraîtra d'autant plus complète, s'il est vrai (et qui pourrait en douter?) que la nature est plus poétique qu'aucune fiction et que c'est elle le grand poète.

*
* *

Michelet, à qui restera le mérite, quelles que soient les méprises qu'il a pu commettre, d'avoir tenté le premier de nous donner, en France, une « Poétique » du droit, dans cette « Introduction aux Origines du droit français », dont Jacques Grimm lui écrivait qu'elle était plus poétique, à son sens, que l'Art poétique de Boileau (1), Michelet a déployé, en son œuvre, tous les dons d'un charmeur. Il captive par l'image, et fascine par l'éclat du style. N'êtes-vous pas séduit du mirage enchanteur que

---

(1) Lettre du 1er décembre 1837, publiée par Frédéric Baudry, *Les Frères Grimm* (Paris 1864), p. 15.

suscite dans l'esprit la page que voici, et ne faut-il pas un effort de pensée pour retrouver derrière la trame brillante la réalité historique?

« L'homme et la nature ne s'étaient pas méconnus encore ; ils s'aimaient d'amour... Mais l'union était trop inégale. Cette belle et formidable amante, l'homme n'était qu'un nourrisson sur ses genoux. Elle le fascinait de son mobile regard, elle lui faisait *signe*, mais il avait peine à répondre.

« *Ces signes impérieux, pleins d'attrait et de terreur c'était pour lui une étude d'en trouver le sens.*

« Les plantes, les animaux... avaient l'air de garder les secrets d'en haut. L'arbre qui a vu tous les temps, l'oiseau qui parcourt tous les lieux, n'ont-ils donc rien à nous apprendre?... L'aigle ne lit-il pas dans le soleil, et le hibou dans les ténèbres? Ces grands bœufs eux-mêmes, si graves sous le chêne sombre, n'ont-ils aucune pensée dans leurs longues rêveries?

« Ces mouvements et ces repos, ces *signes* muets ces voix indistinctes, l'antiquité recueillait tout ; plaintes de l'Océan, murmures des fleuves, et tout ce que la forêt roule de bruits dans les jours d'orage, et tout ce que l'oiseau dit si bas à ses petits. C'étaient, les mots d'une *langue régulière*, dont les phrases se reproduisaient dans un ordre si infaillible, que l'une était l'augure de l'autre. Tel *signe* apparaissant, tel autre *devait* venir; tel phénomène était pour tel autre un *droit* d'exister.

« Etre et devoir se confondant, toute existence était un *signe*, que l'homme se croyait obligé de *traduire en actes ou en paroles*. Les phénomènes étaient ainsi des *symboles juridiques, qui s'interprétaient en for-*

mules. La nature jetait ses oracles au vent; la poésie suivait, écoutant et recueillant. La grand'mère parlait; l'humble fille s'efforçait de *répéter* » (1).

L'importance des signes célestes ou naturels, des σήματα, σημεῖα des Grecs, des *signa* des Romains, est en effet extrême, non seulement chez ces peuples, mais à l'origine de toutes les religions, et il est séduisant de voir ces signes *traduits* par l'homme en actes et en paroles symboliques.

Mais raisonnons. Interpréter veut dire, ce me semble, rendre intelligible. Or, comment l'*acte symbolique*, reproduction d'un fait naturel, ou la parole *symbolique*, reproduction d'un son ou d'un rythme naturel, pouvaient-ils être plus clairs que l'original, que le modèle, en donner le sens?

Il faudrait donc supposer que ces actes et ces paroles avaient déjà reçu une interprétation, un sens conventionnel, mais de qui? de la nature elle-même ? Dites-nous alors comment.

En réalité, Michelet a confondu la poésie primitive avec l'image poétique qui nous est familière.

Le poète aujourd'hui emploie une image dont nous avons la clef, pour exprimer des sentiments et des idées en harmonie avec elle. Le poète primitif cherchait la clef, cherchait le sens de l'image visible, du signe perceptible qui manifestait au dehors une volonté, une force, — un sentiment, croyait-il, — du monde mystérieux, du grand tout qui l'enveloppait et où il se sentait lui-même confondu, dont il se sentait une partie intégrante. Ses propres actes, son propre langage (par geste, par rythme, par chant

---

(1) Michelet, *Origines du droit français*, p. lxix-lxxi.

ou par parole) ne pouvaient donc être, au regard de la nature, que des manifestations identiques, non pas des *interprétations* mais de simples *reproductions*. Et dans quel but? Dans un but de participation, de communion, d'identification. Imiter le mouvement des corps célestes (je songe à la danse des adorateurs du soleil), imiter l'attitude, l'allure, la figure des plantes, des animaux (je songe à la danse totémique), c'était s'associer à eux, s'allier à eux, bénéficier ainsi de leur assistance, de leur secours, de leur protection. De là est né ce sentiment primordial et essentiel, que le « semblable attire et provoque le semblable », base de la magie sympathique et par l'intermédiaire de la magie, base, nous le verrons, du droit.

L'acte et le langage, qui plus tard deviendront symboliques, étaient donc, dans le principe, un simple prolongement de la nature. Ils n'avaient pas plus un sens conventionnel, qu'ils n'étaient pris au figuré. Ils étaient une imitation par l'homme de ce qui est, en vue de ce qui, par voie de conséquence, doit être. Forme et fond, unité et nombre, signe perceptible et force ou action invisible, tout cela ne formait qu'un grand Pan indistinct dans son esprit, et ce ne fut qu'après un immense *processus* que le fond se distingua de la forme, que l'objet, l'être, la pensée furent individualisés, détachés du tout collectif.

Rien ne le montre mieux que la naissance et la pratique du langage comme moyen de communication, non seulement entre les hommes, mais entre l'homme et la nature. Il est bien connu que le langage fut synthétique avant d'être analytique, mais cela ne dit point assez. Il faut remonter plus haut et voir à quel point le langage fut d'abord tout concret et tout affectif.

La plasticité me semble avoir été le caractère essentiel du langage primitif. Tout descriptif et imitatif, il n'exprimait pas une idée, il représentait un fait ou une sensation, il constituait un acte. Le langage mimé, par gestes ou par signes, qui est resté chez beaucoup de peuples sauvages d'Australie ou d'Amérique une sorte de doublure archaïque du langage articulé, a dû précéder celui-ci. Avec la main, la tête, les membres ou les organes l'homme imitait l'acte qu'il voulait reproduire, l'objet ou l'être qu'il voulait représenter. Les doigts surtout lui en donnaient si bien le moyen, qu'un voyageur américain, Cushing, en étudiant sur le vif ce genre de langage, n'a pas craint de parler de concepts manuels (*manual concepts*). Ces gestes se complétaient par l'émission de sons, aussi bien que par des contractions du visage ou des expressions du regard. Les sons eux-mêmes étaient descriptifs. Ils n'imitaient pas seulement, par onomatopée, les bruits de la nature, mais par l'intonation, la gradation ou la dégradation du souffle, le rythme ou la modulation, ils figuraient le mouvement physique, ils faisaient l'office du geste.

En tant que personnels ou affectifs, tous ces signes étaient des mouvements réflexes. Ils correspondaient à un état physiologique, — colère, joie, désir, peur, etc. Leur réalisme n'était pas moindre, quand ils représentaient le monde extérieur. Chacun d'eux avait une portée, une réalité absolue, s'identifiant à la chose représentée et la rendant vraiment *présente*. Ils embrassaient donc l'ensemble du champ mys-tique, visible ou invisible, de la nature.

Tel fut le caractère aussi de la pictographie. Les êtres ou les objets qu'elle représentait n'étaient pas une figuration, une simple image. Ils étaient évoqués. Leurs propriétés, leurs attributs, leur force mystique étaient inhérents au dessin.

Et ainsi le langage, sous toutes ses formes, geste, son, figure, eut une valeur propre, une vertu surnaturelle ou superstitieuse.

C'est cette valeur, cette vertu qui demeura attachée à la poésie, au langage sacré, une fois que le langage vulgaire s'en détacha, c'est elle qui passa au rite et fut par lui transmise au symbole et à la formule, héritiers lointains de la pantomime, du geste vocal et de l'onomatopée.

On peut donc dire que l'homme, en empruntant son langage à la nature, multiplia et renforça les liens mystiques qui l'unissaient à elle et qui de toute part l'enlaçaient en une communion profonde. Une corrélation s'établit entre les deux langages, celui de l'homme et celui de la nature. Le premier conduisit à interpréter l'autre.

L'homme, en effet, transposa dans le monde physique les signes ou gestes que j'ai appelés *affectifs* ou *réflexes*. Il prêta aux êtres et aux choses les mêmes sensations auxquelles de tels signes correspondaient en lui, et tous leurs éléments (violence ou douceur du mouvement, stridence du son, rythme ou cadence, etc.), prirent de la sorte chacun une signification propre. Une psychologie de la nature s'ébaucha. Elle se développa au contact du monde animal, où la correspondance des actes avec les mouvements, les intonations et les formes était manifeste.

A cette source, déjà si riche, d'interprétation des

signes naturels, qui deviendront un jour des symboles, d'autres vinrent se joindre. Je me contenterai de signaler les deux principales : d'une part la *coïncidence* plus ou moins fortuite entre des événements heureux ou malheureux, propices ou funestes et tel signe, tel acte ou tel geste, tel son ou tel phénomène, d'autre part et surtout la *divination.*

· Celle-ci, ce sont des hommes doués d'un sens spécial, exceptionnel, qui la pratiquent ou l'exercent. Ils n'interprètent pas eux-mêmes, comme Michelet et Vico le croyaient, mais ils demandent aux forces mystiques de se révéler, de s'expliquer, de s'interpréter par des signes particuliers. Le devin consulte, interroge la nature : la nature lui répond. La forme de la question donne la forme et le sens de la réponse (χρησμός, oracle). Le feu, l'eau, les cailloux, le songe provoqué par l'incubation, le bruissement attendu du chêne ou de la source, le cri, la rencontre, le geste de l'animal servent de moyens de communication. Oracles et ordalies sont tout une exégèse. Ils fixent à la fois le sens divin des signes spontanés, qu'ils soient exceptionnels (τέρατα, prodiges) ou habituels, et donnent un sens conventionnel à ceux qu'emploie l'homme pour interroger la nature, et que la nature emploie pour lui répondre.

Le grand intérêt pour nous de la divination est qu'elle nous offre la première manifestation du droit, du droit, si je puis dire, *officiel*, puisque la réponse à la consultation des puissances invisibles est ou bien un jugement, ou bien un décret, un ordre, un précepte, le tout exprimé naturellement en langage mystique ou sacré. Et voilà donc pourquoi es premiers juges et les premiers législateurs furent nécessairement à la fois des devins et des prêtres, des magiciens et des poètes. Leur vrai nom est *exégètes*, ceux qui conduisent, dirigent, à l'aide des réponses, des oracles : nom des interprètes d'Apollon (ἐξηγηται) qui purifiaient les souillures du crime par les δίκαι, c'est-à-dire par les *révélations* du Dieu, car tel est le sens originaire du mot δίκη. La langue rythmée et chantée dont ils se servent produisait un effet physiologique d'autant plus énergique, qu'elle était accompagnée de gestes et de danses. Langue mystérieuse, magique, ayant sa vertu, son efficacité propre, elle communiquait aux préceptes, aux prescriptions dont elle était le véhicule, leur force obligatoire. La loi est un chant, νόμος, *carmen*, dont les paroles sont aussi sacramentelles que les syllabes d'un exorcisme ou les mots d'une prière.

De là la formule juridique, et la valeur superstitieuse attachée à la lettre, de là les sentences rythmées, les ῥῆτραι archaïques de la Grèce, de là ces lois mises en musique que les Crétois, au dire d'Elien, faisaient apprendre et chanter à leurs enfants. Et comment sentences, formules, lois étaient-elles mises en mouvement, entraient-elles en action? par le rite et le signe, par la pantomime judiciaire, en définitive par le langage mimé, le langage par geste, — langage que nous verrons dégénérer en pur symbolisme, devenir simple signe de la volonté des contractants, des plaideurs et des juges, quand il cessera d'être un acte produisant des effets surnaturels.

⁂

La transformation de l'acte *réel* en acte *figuré* n'a

pu s'opérer que par la naissance et le développement
de la faculté d'analyse, en regard et en opposition de
la sensation collective ou synthétique. Nous pour-
rions appliquer à l'humanité le mot de Lamartine:
« La société est devenue critique, de naïve qu'elle
était », en prenant le mot *critique* dans son sens étymologique de trier, séparer. Le grand tout progressivement se disjoint. Des groupes, hordes, tribus ou
clans, prennent conscience de leur individualité dis-
tincte et la traduisent en actes. Êtres animés, visi-
bles ou invisibles, sont, à leur tour, individualisés
ou personnifiés. On ne confond plus la partie avec le
tout. L'image se sépare, se détache, s'isole de la
chose représentée et devient symbole. Puis elle va
s'oblitérant, s'effaçant devant l'idée abstraite et le
signe qui l'exprime.

Mais la résistance de l'image fut longue et tenace.
L'image fait mieux même que résister, elle se multi-
plie. Rites et symboles s'accouplent et se croisent. Des
formes nouvelles éclosent de l'imagination en travail.
Et pourtant il semblait que la parole et l'écriture
dussent évincer le langage symbolique comme inu-
tile, ambigu ou gênant. Mais non. Le droit continue
à « porter le joug des images et des figures ». C'est
que la mémoire du commun des hommes et leurs
fonctions mentales sont demeurées concrètes. N'est-
ce pas par l'image, par la représentation figurée, que
l'enfant s'instruit? n'est-ce pas le langage imagé qui
a cours chez le peuple? n'est-ce pas par l'allégorie,
la fable, la parabole, que l'éducation populaire s'est
faite ou peut le mieux se faire?

Les anciens Chaldéens étaient sages qui dataient
les actes au moyen de synchronismes; sages aussi
nos vieux rédacteurs de chartes qui ne procédèrent

pas autrement. Mais il ne suffit pas de rappeler la passation d'un acte, il faut aider la mémoire à en reconstituer les éléments essentiels. Le symbole y pourvoit par le vêtement qu'il y ajuste. A la description d'un fonds vendu que ferait un notaire de nos jours correspond naïvement l'emploi *simultané*, comme symboles d'investiture, de la motte de gazon, du chaume, du rameau et de la pierre, dans le but de certifier que l'objet de la vente consiste en prés, terres arables, bois et maison.

*
* *

Laissons le symbolisme, et parlons de la physionomie générale que nous présente la poésie du droit, quand nous nous plaçons au cœur même de l'histoire.

Le premier élément poétique que nous rencontrons ici, c'est la religion au sens le plus large du mot. Celle-ci n'a pas seulement, en concurrence avec la magie, donné naissance au droit, elle l'a pénétré, elle l'a imprégné, elle l'a solennisé, et lui a communiqué ainsi, comme forme et souvent comme esprit, la haute et sublime poésie du mystère, qui lui est propre. Rappelez-vous les codes religieux qui sont de vrais poèmes : les livres d'Israël, ceux de l'Inde et de l'Islam, songez aussi à cette superbe invocation qui ouvre le Code de Hammourabi et au prologue mi-chrétien, mi-barbare qui précède la loi salique. Considérez ensuite toutes les cérémonies, tous les rites qui, de l'Église, ont passé dans le forum ou le prétoire, du culte dans la loi. Depuis les actes légaux de l'humble vie familiale jusqu'au sacre du prince, depuis les solen-

nités ordinaires de la justice jusqu'à la pompe ma-
jestueuse déployée dans les pays — tels l'Angleterre
et la Hongrie — où la liberté semble vouloir s'abriter
sous un voile mystique, ou bien dans ceux qui confondent — tel le Japon — le culte du divin avec le
culte de la patrie. Partout la religion prête au droit
son auréole poétique.

Et voici maintenant une autre source de poésie,
la coutume populaire, dont volontiers, dirais-je, ce
que Montaigne a dit de la poésie populaire, qu'elle a
« des naïfvetez et grâces par où elle se compare à la
principale beauté de la poésie parfaicte selon l'art. »
Elle a, comme fond commun avec la poésie, l'amour
du merveilleux et la foi mystique du passé. « Cette
justice-là seule, disait J. Grimm, est équitable et
infaillible aux yeux du peuple, qui procède de la plus
vieille sagesse; ces légendes-là seules le satisfont et
lui plaisent qu'il a sucées avec le lait et qu'il a vu
assises au foyer... Or ce qui dérive de la même
source est dans un rapport constant de parenté et
d'action réciproque. »

En la forme, elle a de commun avec elle de vivifier
l'image ou de peindre l'idée par le son et par le rythme. Elle est, comme la poésie, une sorte de musique
naturelle, dont consonnes et voyelles sont les notes.
L'allitération et l'assonance, si fréquentes dans les
textes coutumiers, leur impriment un mouvement
rythmique, la tautologie aide à disposer les mots en
mesures, sans qu'il soit nécessaire de croire, avec
Michelet, que « le vent sifflait l'allitération dans
les forêts du Nord et que la vague battait sur les
grèves celtiques des rimes solennelles. »

Dans la coutume vivante, dans le droit *vécu*, étroi-
tement lié aux mœurs, tel que le reflètent nos vieilles

et pittoresques chartes, dans le droit que n'emprisonne nulle loi écrite et qui se développe en pleine spontanéité, l'imagination primesautière du peuple se donne libre jeu. Son âme s'épanche en flots d'images sensibles. L'impressionnabilité aux choses extérieures les éveille dans l'esprit. Elles s'animent, se réchauffent et se gravent dans la mémoire par la vénération profonde du passé, par ce *fondement mystique* de la coutume, dont Montaigne déja et Pascal faisaient la raison d'être de son autorité. Poésie fruste et naïve, en paroles et en actes. La critique littéraire y pourrait distinguer tous les genres: dramatique dans le droit pénal, didactique ou sentencieuse dans les adages et les maximes, épique dans les arrêts, comique ou burlesque dans les épreuves, facétieuse ou satirique dans les efforts faits pour lutter contre l'arbitraire, l'injustice, l'abus de la domination ou de la force.

Parfois nous devrons nous demander, si ce n'est pas au plus profond des antiques superstitions que l'esprit populaire a puisé ses traits. En voulez-vous un exemple. Dans le *Miroir de Saxe* les baladins, et les hommes qui se sont volontairement donnés en servage ont pour tarif de composition, pour *Wergeld*, l'ombre d'un homme. Une disposition analogue se retrouve dans l'Allemagne du Sud et le droit régional (*Landrecht*) de la Souabe la précise en ces termes: « La personne qui a fait tort au baladin doit se placer près d'une paroi, à contre-soleil, et le baladin lui-même ou ses héritiers (s'il a été tué) doit frapper l'ombre au cou pour, par là, satisfaire sa vengeance. » Serait-ce une simple farce populaire? une forme plaisante de dénier toute composition à des hommes sans droit (*rechtlose*), de même que la punition d'un

ènfant irresponsable se borne à lui faire regarder le
reflet au soleil d'un bouclier éblouissant? Il ne
semble pas. S'attaquer à l'ombre d'un homme, la
frapper au cou, c'était, en des temps lointains, un
acte magique redoutable, c'était mettre à mal son
esprit protecteur. Quelque obscure survie de cette
croyance a pu fournir ainsi à la justice populaire le
moyen de concilier le mépris du baladin avec le besoin d'équité.

Le champ de l'illusion, de la peine illusoire, de la
redevance ou prestation illusoire, une fois ouvert, il
s'étendit jusqu'au seigneur lui-même. Le droit de
mortuaire, par exemple, se réduisit en certains cas
au tintement d'une vaisselle que la veuve du mort
faisait résonner devant sa porte. Ailleurs je relève
cette prestation irrévérencieuse, que des paysans
d'Alsace promettent aux sires de Lichtenberg, che-
vauchant par delà les monts, pour le cas où ils use-
raient sans mesure du droit de gîte : « S'il arrivait
que le vin fût plus fort qu'eux (*Were es das sie der
Wein übernehme*) et qu'ils perdissent épérons ou
glaive, leur hôte doit aller à un buisson d'épine, y
tailler un éperon, puis à un buisson de noisetier et
y tailler un glaive, et il doit avec cela les recom-
mander à Dieu. » (*und soll sie damit Gott befehlen.*)

*
* *

La poésie populaire du droit, que je viens d'es-
quisser à larges traits, ne saurait être prise, ne l'ou-
blions pas, pour une œuvre purement imperson-
nelle, s'élaborant dans les masses. L'effort cérébral
d'individualités distinctes, si anonymes qu'elles
restent, en est partout un indispensable élément.

Souvent il y a davantage : l'esprit populaire s'incarne en de véritables poètes, est dirigé, orienté, alimenté par eux.

Nous arrivons ainsi à tout un ensemble de documents poétiques qui ont, à mon estime, une valeur inappréciable pour l'histoire du droit.

Ce sont les chants épiques contemporains de la coutume naissante, qui, chez tous les peuples, en Orient comme en Occident, l'éclairent d'une vive lumière. Je prends pour type nos chansons de geste avec lesquelles marchent de front les chroniques en vers, telles que le *Roman de Rou* ou les chansons de la croisade, et auxquelles succèdent les romans d'aventure. Mine d'une merveilleuse richesse pour l'historien des institutions, où il peut sur le vif saisir le droit, au lieu de l'étudier comme une lettre morte ; où il voit s'agiter, se liguer, se combattre les intérêts et les passions dont la loi, qui se crée, doit réaliser l'équilibre au sein de la société.

Mais les chansons de geste ne sont pas seulement des tableaux, elles sont des instruments, des moyens d'action. Elles ne se contentent pas de refléter le droit, elles le façonnent, elles l'animent, elles lui communiquent le souffle de vie, elles font palpiter le cœur humain et excitent l'esprit, d'où il devra jaillir.

Leur influence sur l'évolution de la féodalité n'est pas douteuse, et sa compagne, la chevalerie, leur doit, pour une large part, son meilleur titre de gloire, l'idéal chevaleresque. Si leur poésie n'a pas toujours la chasteté immaculée d'une vestale, elle a conservé et entretenu, comme la prêtresse romaine, le feu sacré de la patrie, et contribué puissamment à l'unification politique de la France.

Leur œuvre ne s'est pas arrêtée là. Elles donnèrent au droit *vivant*, et même aux œuvres originales
de pratique et de doctrine, la beauté de la forme;
je pousse l'audace jusqu'à dire la beauté poétique. Je
ne parle, bien entendu, ni des chartes en vers latins,
ni des coutumes versifiées, comme le fut au xiiie siècle
la coutume de Normandie. Versification n'est pas
poésie. Mais la prose peut être poétique. Elle ne
l'est pas seulement dans les œuvres où, sous de poétiques et transparentes allégories, le droit est repré-
senté en action et les mœurs censurées, — tels ces
Arrêts d'amour de Martial d'Auvergne ou de Paris,
que Dupin, en 1830, déclarait sentencieusement
appartenir à une époque de *barbarie* du droit! Barbare une œuvre si gracieuse, si légère, si française !
Ce que je qualifierais barbare, c'est le lourd et fasti-
dieux commentaire latin dont un jurisconsulte, tout
frotté et imbu de droit romain, a eu la singulière
idée de l'affubler.

Mais arrivons à l'essentiel. Que de vers frappés
sur l'enclume des poètes de geste qui sont devenus
proverbes juridiques et maximes coutumières! Sur
tout quelle influence profonde et salutaire ne ver-
rons-nous pas exercée par la poésie épique et roma-
nesque sur notre brillante littérature juridique du
xiiie siècle. Qui donc ignore que notre admirable
Beaumanoir fut un poète, comme le poète Wace, au
xiie siècle, paraît avoir été un jurisconsulte? et qui
ne sentirait en le lisant, et avec lui nos plus beaux
monuments juridiques de cette époque : le Conseil
de Pierre Desfontaines à son ami, les Établisse-
ments de Saint-Louis, les Assises de Jérusalem,
combien plus imaginatif et plus sensible que le
droit abstrait de Rome est le droit qu'ils décrivent,

quels liens étroits de charme et de grâce, d'équité et de bon sens, relient ces œuvres, à travers la poésie épique des chansons de geste, à la poésie naturelle de la coutume populaire.

*
* *

Avons-nous épuisé tous les aspects de la poésie du droit? Non certes, car il en est un qui les embrasse et qui les domine tous : cette poésie de la science dont j'ai parlé tout au début. N'est-elle pas le patrimoine commun de toutes les hautes disciplines de l'esprit humain? Si l'imagination s'élance dans les espaces infinis où se meuvent les astres, si elle descend dans les abîmes de l'organisme où des myriades d'animalcules élaborent sourdement les merveilles de la vie physique, est-ce donc un moindre spectacle de sonder l'âme des sociétés humaines, de contempler le jeu des passions qui les font mouvoir, d'assister aux luttes tragiques qui se livrent dans leur sein de voir l'ordre et l'harmonie naître du chaos, et émerger lentement de l'océan social cet « éclat de la véritable équité » auquel Pascal, dans son pessimisme, désespérait de voir tous les peuples s'assujettir?

J'ai été amené, au cours de cette rapide esquisse, à opposer la poésie du droit des temps passés au droit abstrait des temps actuels, mais est-il nécessaire de demander, après ce que je viens de dire, si le triomphe de ce droit est définitif? Je suis convaincu, pour ma part, que le droit peut se regénérer en remontant vers sa source.

Retourner en arrière? revenir tout doucement à l'état sauvage cher à J.-Jacques? Rien de pareil. Le

progrès de la civilisation, en tant qu'il a servi à
dégager la science du juste, reste acquis. Mais un
progrès nouveau pourra rendre au droit sa vraie
place dans la vie. Au lieu d'être isolé des autres éléments sociaux, il devra être remis en étroite con-
nexité avec eux. Vous entendez de quels éléments
je parle : les éléments concrets d'abord, puis ceux
qui se définissent d'un mot, le *sentiment* : sentiment
de droiture, sentiment de solidarité ou de fraternité
entre les hommes, sentiment de douceur et de sup-
port mutuel, sentiment du beau sous toutes ses
formes.

Est-ce là de l'utopie? de la chimère Qui pourrait
le croire, s'il songe à l'action possible d'une juris-
prudence vivifiante, et s'il se souvient qu'un jurisconsulte, qu'un magistrat du xviie siècle, un compa-
triote et un ami de Pascal, Domat, a reconstruit
toute la théorie du droit privé et du droit public
français sur une base sentimentale, sur la double
base de l'amour de Dieu et de l'amour du prochain,
sur des « principes, dit-il, dont la vérité touche également l'esprit et le cœur. »

Voilà pour le fond, et quant à la forme n'avons-
nous donc rien à apprendre de nos anciens juris-
consultes? ne pouvons-nous renouer même la chaîne
d'un plus lointain passé? Michelet, en se plaçant au
seul point de vue des coutumes primitives, a écrit
cette belle pagé :

« Examinons si ces formes dédaignées n'avaient
pas de sérieux avantages pour lesquelles l'humanité
a dû les conserver longtemps.

« D'abord, elles liaient la loi morale à la loi physique. Elles mariaient ces deux mondes qui semblent
aujourd'hui séparés.

« La gravité de la formule, la muette terreur du symbole imprimaient la loi dans la mémoire. C'était comme les clous d'airain que le magistrat romain enfonçait chaque année dans le mur du Capitole.

« La fixité du signe, la solennité de la forme balançait utilement la mobilité de l'esprit... Le progrès s'accomplissait avec lenteur et gravité; rien ne périssait que ce qui définitivement avait mérité de périr. La loi durait assez pour créer des habitudes morales; et les mœurs à la longue s'harmonisaient si fortement avec elle, qu'elles l'auraient rendu superflue.

« Ce n'est pas impunément que la loi néglige la forme, qu'elle devient prolixe, inélégante. Son efficacité en est gravement compromise. Il y a une sanction dans la beauté. Le *beau est le frère du juste* » (1).

La pensée de Michelet n'a pas vieilli. Elle semble rajeunie par des écrivains de notre temps. J'en citerai un, M. Maeterlinck (2) :

« C'est avec des mots, avec des sentiments, c'est dans la chaleur développée par d'anciennes *beautés imaginaires*, que l'humanité accueille aujourd'hui des *vérités* qui ne seraient pas nées... si ces illusions sacrifiées n'avaient d'abord habité et réchauffé le cœur et la raison où les vérités vont descendre. Heureux les yeux qui n'ont pas besoin d'illusion pour voir que le spectacle est grand. Pour les autres, c'est l'illusion qui leur apprend à regarder, à admirer et à se réjouir. Et si haut qu'ils regardent, ils ne regarderont jamais... au-dessus de la vérité inconnue

---

(1) MICHELET, *Origines du droit français*, p. CXXIII, CXXIV.
(2) *La vie des abeilles*, p. 232.

et éternelle, qui est sur toute chose comme de la *beauté en suspens* ».

Si la vérité est de la « beauté en suspens », la poésie du droit mérite de revivre, non moins que le mérite cette plénitude, cette vivacité de sentiment, dont Domat nous convie à faire le principe même des lois. Je souscris à la parole de Michelet : « Le beau est le frère du juste » ; j'y souscris et j'ajoute : « La loi d'amour est la mère commune de l'harmonie et de la justice. »

Paris. — Typ. A. DAVY, 52, rue Madame. — *Téléphone.*